L'illusion de la lumière

L'illusion de la lumière

Penser après les Lumières

Bry Willis

PHILOSOPHICS PRESS ◐ 2025

PREMIÈRE ÉDITION FRANÇAISE, 2025
Cette édition française comprend une note introductive et des essais intégrés révisés. Voir page iv.

Ouvrage développé à l'origine comme introduction à la série des essais Après-Lumières :

Objectivity Is Illusion (L'objectivité est une illusion)(2025)

Rational Ghosts (Les fantômes rationnels)(2025)

Temporal Ghosts (Les fantômes temporels)(2025)

Against Agency (Contre l'agency)(2025)

The Myth of *Homo Normalis* (Le mythe de l'*Homo normalis*)(2025)

The Discipline of Dis-Integration (La discipline de la dés-intégration)(2025)

La série *Les Essais des Après-Lumières* explore les limites et les survivances de la rationalité issue des Lumières dans la pensée moderne.

Cette édition correspond à l'édition en tissu (cloth edition) de l'original anglais et intègre les essais complets de la série Les Essais Après-Lumières.

Titre original : The Illusion of Light: Thinking after the Enlightenment

ISBN 978-0-9710869-3-7 (anglais, tissu)
ISBN 978-0-9710869-7-5 (anglais, brochée)
ISBN 978-0-9710869-9-9 (français)

Publié par *PHILOSOPHICS PRESS*, Cambridge, Massachusetts
Imprimé dans le pays de distribution

Mots-clés :

Lumières – Philosophie. Connaissance – Théorie. Raison – Histoire.

Civilisation moderne – Philosophie. Éthique – Philosophie.

Philosophie moderne – Critique et interprétation.

« Les Lumières n'ont jamais été une aube ; ce fut un éclair – brillant, désorientant, et laissant encore des images rémanentes. »

– Bry Willis, *The Discipline of Dis-Integration*
(*La Discipline de la dés-intégration*)

« Ose savoir ! Aie le courage de te servir de ton propre entendement. »

– Immanuel Kant, *Qu'est-ce que les Lumières ?* (1784)

Dévouement

Pour ceux qui s'exercent encore à voir dans le noir.

Note pour l'édition française

Cette édition française de L'illusion de la lumière est née d'un retour aux
sources et d'un geste de gratitude. Elle reconnaît l'héritage intellectuel sans
lequel ce livre n'aurait pu voir le jour :
des Lumières elles-mêmes – avec Diderot, Descartes, Montaigne,
Rousseau, Voltaire – jusqu'à leurs héritiers et critiques
modernes – Barthes, Bataille, Beauvoir, Camus, Cioran, Derrida,
Deleuze, Foucault, Latour, Levinas, Lyotard, Sartre et Simone Weil.

En choisissant de publier ce texte en français, je souhaite rendre hommage
à une langue qui, plus que toute autre, a su interroger la Raison jusqu'à
ses limites – et au-delà, dans ses fissures mêmes. Que cette traduction ne
gomme pas les ombres, mais qu'elle en ajuste la lumière, comme on règle
une lampe pour mieux voir ce qui se cache dans la demi-lumière.

Note sur la traduction
Cette traduction, que j'ai élaborée avec l'appui d'assistants logiciels,
a cherché à préserver les nuances de l'original tout en s'adaptant à la
richesse d'une langue où pensée critique et poésie ont toujours dialogué.

Puissent les lecteurs francophones y découvrir un écho de leur
propre tradition – celle qui, de Montaigne à Derrida, n'a
cessé de questionner les certitudes pour mieux faire place à
l'ambiguïté, au doute, et à la beauté des demi-teintes.

Note sur le terme "agency"
Le terme anglais agency (capacité d'action autonome) est ici conservé
pour son ambiguïté conceptuelle, située entre liberté, responsabilité et
illusion de contrôle. En français, on pourrait dire autonomie ou capacité
d'agir, mais ces équivalents n'expriment pas pleinement la critique que
l'auteur adresse à ce mythe moderne de la volonté individuelle.

Remerciements

Avec mes remerciements à ceux qui m'ont appris que l'entretien est une forme de pensée, et que le soin est sa propre philosophie.

À Nietzsche, qui a brisé le soleil ;

à Proudhon, qui a refusé la logique du maître ;

à Sartre et Kafka, qui ont cartographié les ombres intérieures ;

à Zapffe et Benatar, qui ont affronté le vide avec sang-froid.

Leurs questions demeurent l'échafaudage de ces pages.

Table des matières

ANNEXES

Note de l'auteur à l'édition en tissu

Le contenu de l'édition en langue française présente *L'illusion de la lumière* (*The Illusion of Light*) comme une architecture complète. Là où l'édition originale offrait une introduction aux essais des Après-Lumières, cette version intègre la structure complète qu'ils suggéraient. Les six salles de la Maison de la Raison contiennent toujours leurs essais correspondants – révisés, intégrés et remis en ordre pour assurer la continuité. L'échafaudage a été exposé, non remplacé.

Des méditations supplémentaires prolongent la critique : une réflexion sur le temps de la pensée, un manuel de terrain sur le sang-froid et des notes de clôture pour le gardien. Ces ajouts n'élargissent pas l'argument autant qu'ils en complètent le rythme, retraçant le passage de la philosophie de l'illumination à celle de l'entretien.

Aucun contenu n'a été abrégé ; certaines sections ont été restaurées pour éclairer des aspects clés, tandis que d'autres ont été enrichies de nouvelles perspectives.

Cette édition est conçue pour durer : un objet à chérir, à entretenir et à transmettre – tout comme les idées qu'elle contient.

– Bry, 2025

Préface : Lecture par lumière résiduelle

Lire ces essais, c'est se déplacer lentement de l'éblouissement dans les espaces plus sombres où les choses retrouvent leur texture. Les Lumières nous ont appris à assimiler la lumière à la vérité, mais l'illumination a toujours été à double tranchant : elle clarifie les contours tout en effaçant la profondeur. Ce qui disparaît dans la luminosité, ce sont les gradients – les nuances intermédiaires où la pensée et le sentiment se rencontrent, où la contradiction respire encore.

La demi-lumière n'est pas un repli de la connaissance ; c'est là où la connaissance cesse de se prendre pour le salut. C'est l'heure avant l'aube et après le crépuscule, lorsque la perception est la plus alerte, et tout semble à la fois plus clair et moins certain. C'est la discipline que ces essais pratiquent : une attention soutenue à ce qui persiste lorsque la certitude se consume.

Ce projet ne demande pas aux lecteurs d'abandonner la raison, seulement de remarquer ce qu'elle a exclu. Il invite à une sorte de vision nocturne intellectuelle – la patience de voir sans projecteur, la volonté de s'asseoir avec ce qui ne se résout pas. Dans la demi-lumière, le monde ne s'organise plus autour du regard humain ; il se révèle comme incontrôlable, partiel, vivant.

Ici, nous apprendrons à demeurer dans cette demi-lumière – non pas comme un retrait de la connaissance, mais comme une discipline pour voir ce que la lueur des Lumières a effacé.

Les Lumières ont promis que la vérité nous rendrait libres. Peut-être nous a-t-elle rendus efficaces plutôt. Ce que ces pages tentent de faire est plus petit et plus lent : une liberté mesurée non pas dans le contrôle mais dans le sang-froid – la capacité à vivre avec ce qui ne peut être fixé, à continuer à prendre soin du sens après l'effondrement de ses fondations.

S'il y a de la lumière ici, ce n'est pas le flamboiement triomphal de la découverte mais la lueur ambiante qui reste après que quelque chose s'est terminé. C'est la lumière des écrans laissés allumés toute la nuit, des villes au repos, de l'esprit encore pensant longtemps après que la certitude soit tombée en sommeil.

Marchez prudemment. Laissez vos yeux s'ajuster. Le monde a l'air différent quand il cesse de prétendre être illuminé.

PARTIE I

LE
MYTHE DE L'ILLUMINATION

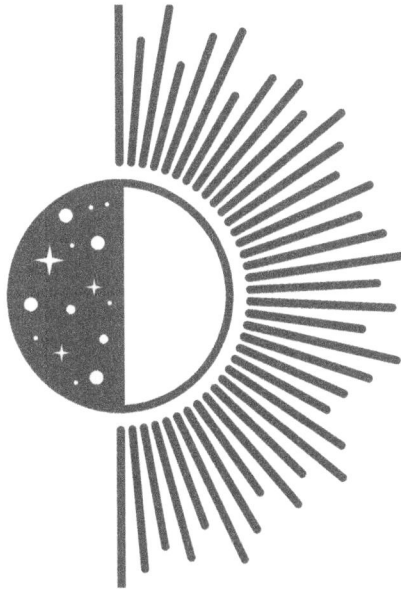

UN

AVANT D'ALLUMER

LES LUMIÈRES SE SONT NOMMÉES ELLES-MÊMES. CELA SEUL DEVRAIT NOUS rendre méfiants. Se dire « éclairé », c'est revendiquer non seulement la connaissance, mais aussi l'autorité morale – le pouvoir de définir ce qui compte comme lumière et ce qui doit être laissé dans l'obscurité.

Les mouvements survivent rarement à leur propre nomination, et celui-ci a commencé par une campagne publicitaire : l'Ère de la lumière, le Siècle de la raison. Comme le « Saint-Empire romain germanique », il n'était ni singulier, ni saint, ni particulièrement raisonnable. Mais l'étiquette est restée, et avec elle est né un mythe si omniprésent que même ses détracteurs parlent encore sa langue.

Le tour était simple : pour se dire illuminé, il fallait d'abord inventer l'obscur. Les siècles qui l'ont précédé – riches en théologie, cosmologie et artisanat – ont été reformulés comme le Moyen Âge, un tunnel entre ignorance et compréhension, superstition et science. La métaphore de la lumière a rendu cette hiérarchie naturelle. Passer de l'ombre à l'illumination est devenu non seulement un progrès, mais un salut. Et, comme toute conversion, elle exigeait un témoignage : la récitation de ce dont nous avions été délivrés.

Pourtant, l'histoire n'a jamais été aussi nette. Ce qu'on appelle les « âges sombres » a produit universités, cathédrales, théories astronomiques, logiques scolastiques et premiers élans d'humanisme. Ce que les Lumières offraient n'était pas une révélation mais un changement de vocabulaire : la même faim d'ordre et de transcendance, vêtue désormais du vocabulaire de la clarté. La raison a remplacé la foi ; le progrès, la grâce. Le credo est resté – seules ses Écritures ont changé.

Même cette « illumination » fut moins une aube qu'un ensemble de petits feux conflictuels.

En Écosse, la lumière était empirique, patiente, civique – Hume doutant de tout, Smith mesurant la sympathie.

En France, elle était théâtrale et morale – une révolution mise en scène en prose, le rêve d'une raison universelle marchant vers la vertu.

En Allemagne, elle était métaphysique, sévère, introspective – la lumière de Kant, si aveuglante qu'elle projetait une bureaucratie de l'esprit.

En Angleterre, elle était mercantile et prudente – la lueur d'une lampe de comptabilité, assez vive pour guider les navires et les lois, assez faible pour laisser l'empire dans l'ombre.

Chacun prétendait être la véritable flamme. Chacun brûlait différemment.

Les historiens ultérieurs ont fondu cette dissonance en un seul faisceau, aplatissant la querelle en harmonie. Ainsi sont nées les Lumières, capitalisées et cohérentes – une histoire que nous continuons de nous raconter pour nous sentir éveillés. Nous en parlons comme si le monde avait autrefois dormi puis, soudain, pensé. Mais il n'y eut ni interrupteur, ni aube – seulement le lent ajustement d'yeux déjà tendus pour voir.

Je n'écris pas l'histoire. Je décris une image rémanente : l'éclat persistant qui définit encore ce que nous appelons la modernité.

La lumière des Lumières était éblouissante, mais comme tous les éclats, elle laissait des contours après-coup – trop nets pour être touchés, des ombres trop profondes pour être nommées. Elle nous a appris à voir le monde comme quelque chose à cartographier, mesurer, gérer ; à traiter les ténèbres non comme mystère mais comme erreur. Son illumination n'a jamais été douce : elle a brûlé nuance et ombre, laissé des contours trop nets pour être touchés. Et nous, ses descendants, clignons encore des yeux.

Ce projet – ces essais – partent de ce clignement. Écrire contre les Lumières, ce n'est pas maudire leur éclat mais étudier leur résidu : la manière dont elles ont aplati la pensée en géométrie, la moralité en calcul, le soin en code. Nous avons vécu trop longtemps dans son bourdonnement fluorescent. *L'illusion de la lumière* n'est pas un appel à l'éteindre, mais à remarquer combien de texture du monde s'est effacée dans son éblouissement.

DEUX

La lumière promise

LES LUMIÈRES ONT PROMIS LA DÉLIVRANCE. LEUR ÉVANGILE ÉTAIT LA RAISON ; leur miracle, le progrès. L'humanité, disaient-elles, avait atteint sa majorité. Plus de prêtres entre nous et la vérité, plus de rois entre nous et la loi, plus d'ombres entre nous et la lumière. Le monde aurait enfin un sens – si seulement nous apprenions à penser correctement.

Mais même dans ses premiers sermons, il y avait des fissures. Les apôtres de cette nouvelle illumination ne pouvaient pas s'accorder sur ce que la lumière révélait. Certains voyaient la géométrie de la nature, d'autres la souveraineté de l'homme, d'autres encore la main invisible les arrangeant tous deux. La raison, selon qui l'invoque, pouvait justifier la rébellion ou l'obéissance, l'égalité ou la hiérarchie, l'athéisme ou la providence. C'était moins une révélation qu'un miroir : chaque penseur voyait dans sa lueur ce qu'il souhaitait le plus être vrai.

À Paris, Diderot et Voltaire imaginaient la raison comme un théâtre – un spectacle d'émancipation où la superstition était raillée de la scène. Leur *Encyclopédie* est devenue un texte sacré pour la classe lettrée, une promesse que toutes les connaissances pouvaient être cataloguées, ordonnées, référencées en cohérence. De l'autre côté de la Manche, l'empirisme de Locke avait déjà transformé la pensée en propriété : ce que l'esprit percevait, il pouvait le posséder. Kant, toujours le constructeur de systèmes, a tracé les lignes qui confineraient à la fois : les catégories de compréhension, les limites de la raison, l'architecture ordonnée du possible.

Chaque flamme projetait sa propre ombre. La géométrie morale de Kant se solidifierait bientôt en bureaucratie et loi. L'économie sympathique de Smith s'endurcirait en théologie du marché. Le rêve de l'*Encyclopédie* d'une connaissance universelle trouverait sa perfection dans l'algorithme – un index sans compréhension.

Même le scepticisme doux de Hume, destiné à humilier l'esprit, est devenu la base du positivisme, qui n'a rien humilié du tout.

Pourtant, la rhétorique de l'illumination était irrésistible. La lumière est devenue la métaphore universelle de notre civilisation pour le bien – clarté, transparence, innovation, ouverture.

Plus le monde devient lumineux, moins nous remarquons ce qui se décolore hors de vue. Notre langage s'est rempli de son éclat : illumination, perspicacité, surveillance, comité de surveillance. Nous avons nommé nos appareils d'après, puis notre éthique, puis nous-mêmes.

Ceux qui ont remis en question l'éblouissement ont été rejetés comme des romantiques ou des réactionnaires.

Les critiques de l'époque – Blake, Kierkegaard, Nietzsche, Weber – n'étaient pas des ennemis de la raison mais des témoins de son épuisement. Ils ont vu que la lumière du progrès était devenue stérile, sa chaleur rationnelle ayant consumé ce qu'elle prétendait autrefois réchauffer. Ils étaient, à leur manière, les premiers penseurs des Après-Lumières : pas des avocats de l'obscurité, mais des défenseurs de l'ombre – le lieu où la complexité, la contradiction et le sens survivent.

C'est là que vivent ces essais. Pas dans le noir, et pas sous l'éblouissement, mais quelque part dans la pénombre incertaine entre. Ils commencent par la reconnaissance que la promesse des Lumières n'a jamais été fausse, seulement surexposée. La lumière s'est révélée ; elle aussi a effacé. Écrire contre elle n'est pas nier sa brillance, mais rappeler ce qu'elle nous a aveuglé : que l'esprit humain a besoin d'ombre autant que de vue.

Les Lumières cherchaient à abolir la nuit. Les Après-Lumières apprennent à nouveau à voir par la lumière des étoiles.

TROIS

L'ÉCONOMIE DE L'ILLUMINATION

CHAQUE CIVILISATION INVENTE UNE HISTOIRE POUR EXPLIQUER SA FAIM. La nôtre a choisi la lumière. Nous avons appris à appeler l'illumination de la connaissance, et peu après, à traiter l'illumination comme un capital. Ce qui a commencé comme une métaphore de l'éveil est devenu un marché de la révélation. Les Lumières n'ont pas seulement encensé la raison : elles l'ont privatisée. Ce qui débuta comme une métaphore de l'éveil s'est mué en un marché de la révélation – un marché qui détermine encore aujourd'hui la valeur que nous accordons à la pensée, à l'attention, et jusqu'à nous-mêmes. La pensée, autrefois un bien commun d'enquête, a été divisée, clôturée et intitulée au nom de l'expertise. Des brevets aux maisons d'édition, la lueur a été divisée en biens échangeables – chaque idée brillante est une revendication de propriété sur l'invisible.

La logique persiste. L'économie moderne n'est plus alimentée par le charbon ou la vapeur, mais par la cognition elle-même – par l'extraction et l'échange de l'attention, de la créativité et du scintillement de l'intuition. Nous brûlons encore pour garder les lumières allumées, mais désormais le carburant est la conscience humaine. Ce que Proudhon appelait autrefois le loyer cognitif – la redevance prélevée pour l'accès aux moyens de penser – est devenu le principe organisateur de l'ère numérique. Les universités, les médias et les marchés fonctionnent tous selon la même arithmétique morale : l'illumination comme abonnement.

Il est tentant d'y voir une corruption, une trahison de la raison pure par le commerce. Mais cette distinction est une autre illusion. Les Lumières étaient déjà une économie. Chaque académie et encyclopédie qu'elles produisirent était une usine de lumière – transformant la curiosité en autorité, l'émerveillement en salaire. La différence entre connaissance et capital n'a jamais été catégorique, seulement rhétorique. « *Sapere aude* », oser savoir, signifiait aussi oser posséder, publier, profiter.

Pour comprendre le présent, nous devons suivre cette transaction jusqu'à sa conclusion. La lumière est devenue auto-entrepreneuse. Chacun de nous est désormais un sous-traitant dans l'économie de l'illumination, produisant sa propre transparence – se profilant, s'exposant, conservant le soi visible. L'éblouissement est devenu intérieur. La raison, autrefois contrat social, est maintenant un travail à la tâche.

Le marché a tôt appris que la lumière attire. La même curiosité qui remplissait les amphithéâtres remplissait aussi les registres comptables. Ce que l'Église vendait autrefois comme indulgence, l'État moderne le vendit comme éducation, et plus tard la corporation comme innovation. Chacune promit l'émancipation par l'accès à l'illumination – chacune érigea de nouveaux péages aux portes du savoir. Weber l'avait compris lorsqu'il écrivit sur la « cage de fer » de la rationalisation : un monde où la promesse de maîtrise devient sa propre clôture. Foucault ne fit qu'étendre cette intuition – savoir et pouvoir ne s'opposent plus ; ils circulent, indistinguables, comme une énergie au sein d'une même grille. Ce que nous appelons progrès n'est souvent que l'efficacité de ce courant.

Dans l'ancienne économie, la richesse se mesurait à l'accumulation ; dans la nouvelle, à l'illumination – à combien du monde on peut rendre visible, calculable, administrable. Les données remplacent l'or comme emblème de la lumière stockée. Pourtant, l'extraction reste la même : on n'exploite plus les gens pour leurs minerais, mais pour leur sens. Le vocabulaire moral des Lumières – clarté, preuve, transparence – devient l'alibi de la surveillance et de la spéculation. Sous la bannière de la raison, nous avons construit un système qui ne dort jamais, qui exige que tout soit éclairé, même les recoins privés où la pensée germait autrefois dans le noir.

Ce n'est pas une conspiration, mais une continuité. Chaque époque croit avoir laissé la superstition derrière elle, ignorant que sa propre foi n'a fait que changer de support. Le médiéval versait sa dîme à Dieu ; le moderne paie un loyer à la connaissance. L'abonnement remplace le salut. Les métriques sont nouvelles, mais la théologie demeure : la révélation comme récompense, l'obscurité comme dette. Ce qui avait commencé comme une métaphore de l'émancipation s'achève en compulsion d'afficher son illumination – toujours apprendre, toujours s'améliorer, toujours s'exposer. Même l'ignorance est devenue productive : matière première de la correction, obscurité justifiant davantage de lumière.

Pourtant, comme dans toute économie, il existe des limites à la croissance. La lumière commence à se cannibaliser. Nous inondons le monde de tant d'informations que la compréhension devient impossible ; l'attention s'effondre sous le poids de sa propre illumination. L'éblouissement redevient cécité, mais cette fois avec reçu. Vivre dans un tel monde, c'est payer sans fin pour le privilège de ne rien voir clairement.

Finalement, chaque économie affronte le coût de sa propre abondance. Les Lumières promettaient une croissance infinie dans la monnaie de la lumière, mais même les photons fatiguent l'œil. Nous avons atteint le point de saturation où voir davantage révèle moins, où savoir davantage engendre la paralysie. Le rêve de visibilité totale – scientifique, morale, informationnelle – s'est inversé en son contraire : la lueur opaque de la surcharge. La lumière n'est plus un moyen de compréhension, mais un solvant, blanchissant la profondeur en surface.

Dans cet éblouissement, les anciennes hiérarchies d'ignorance et d'expertise s'effondrent. Chacun en sait assez pour parler et trop pour écouter. Chaque énoncé rivalise en intensité. Même la dissidence se monétise comme une marque d'illumination, l'indignation devenant une autre couleur du spectre du commerce de la raison. Le marché des idées, autrefois imaginé comme une agora publique, est devenu un carnaval de lumière, chaque stand plus lumineux que le précédent, aucun n'éclairant davantage que le sien.

Et pourtant, l'épuisement lui-même commence à suggérer une autre éthique. La fatigue peut clarifier ce que la ferveur dissimule. Quand l'illumination devient insupportable, on recommence à désirer l'ombre – non l'ignorance, mais le répit. L'œil s'ajuste, apprend à valoriser la pénombre comme précision. Ce qui émerge n'est pas le rejet des Lumières, mais leur convalescence : une adaptation lente à la vision partielle, à la pensée qui n'a pas besoin d'être entièrement éclairée pour être lucide.

Cette adaptation est la tâche de l'image rémanente – le moment où la lumière s'estompe mais dont le souvenir persiste, vibrant derrière les paupières closes. C'est là, dans le résidu phosphorescent de la raison, que la philosophie doit désormais apprendre à demeurer. Car l'éclat a accompli son œuvre ; ce qui reste, c'est vivre sagement parmi les vestiges de sa lueur.

Toute lumière a besoin d'un luminaire. Les Lumières ont construit le leur – une maison de la Raison conçue pour contenir le rayonnement qu'elles avaient conjuré. Ses murs étaient la logique, ses fenêtres la transparence, sa toiture une promesse de progrès. Chaque siècle se contenta de la redécorer. Les philosophes l'appelèrent ordre, les économistes équilibre, les politiciens consentement. Même les critiques, incapables de vivre dehors, s'y installèrent, logeant parmi les ruines.

Nous nous sommes habitués à cette architecture. Ses angles définissent ce que nous entendons par sens même ; ses couloirs organisent notre discours. Pourtant, la structure gémit. Le plâtre du progrès s'écaille. Les planches du plancher de l'agence se déforment. L'air sent faiblement l'ozone, comme si une ampoule avait brûlé trop longtemps.

Ce qui suit est une visite guidée de cette maison – six pièces construites à partir de six illusions. Chacune fut érigée au nom de la clarté, chacune vacille maintenant dans la demi-lumière. La tâche n'est pas la démolition, mais la reconnaissance : tracer le câblage de la lueur des Lumières avant qu'elle ne saute pour de bon.

QUATRE

L'effet d'image rémanente

CHAQUE CRITIQUE GARDE UNE BOUGIE ALLUMÉE POUR CE QU'ELLE PRÉTEND éteindre.

Les critiques des Lumières n'ont jamais été ses ennemis ; ils étaient ses enfants, clignant des yeux dans la même lumière. Nietzsche a déclaré que Dieu était mort, mais a gardé la foi que la révélation rachète. Marx a démantelé la métaphysique, mais a conservé sa grammaire – la promesse d'émancipation par le dévoilement. Freud, avec une ferveur égale, a déterré l'inconscient pour ensuite l'ériger en nouveau tribunal de la vérité. Chacun prétendait briser l'illusion, mais chacun a préservé la plus ancienne : que l'exposition elle-même est le salut. Traîner une chose dans la lumière, c'était encore, pour eux, la racheter.

Les Lumières nous ont enseigné que l'illumination purifie, que les ténèbres dissimulent l'erreur et que la lumière la chasse. Leurs hérétiques, sans rejeter ce postulat, n'ont fait que déplacer la cible. Le marteau de Nietzsche était un instrument solaire ; la révolution de Marx, un lever de soleil ; le canapé de Freud, un autre confessionnal. Même les postmodernistes – ces supposés assassins de la raison – n'ont jamais vraiment échappé à son rayonnement. Ils ont remplacé la vérité par le jeu, la certitude par l'ajournement, mais leur théâtre est resté éclairé par la même ampoule. L'ironie, aussi, a besoin d'illumination pour projeter son ombre.

Nous avons confondu l'acte d'exposition avec l'acte de compréhension. L'éclat de la critique est devenu notre dernière superstition : la croyance que si nous pouvons seulement révéler suffisamment – biais, idéologie, traumatisme, système – le monde se redressera de lui-même. Nous confondons le dévoilement avec la transformation. Mais la lumière des Lumières n'a jamais été morale ; elle était optique. Elle montrait sans guérir. L'époque moderne a simplement multiplié ses lampes, baignant chaque recoin de l'existence dans la fluorescence de l'analyse. Nous sommes tous critiques maintenant, et le monde devient plus sombre pour autant.

L'image rémanente est ce qui reste lorsque les yeux se ferment. Ce n'est pas la lumière elle-même, mais l'écho de son intensité – un souvenir qui persiste après que la source a disparu. Nos philosophies sont des images rémanentes – des tentatives de décrire un monde qui a jadis cru que l'illumination pouvait le sauver. La volonté de Nietzsche, la dialectique de Marx, la pulsion de Freud – tous sont les résidus phosphorescents d'une croyance en l'autorité de la lumière. Même la déconstruction, avec ses refus élégants, dépend de la blancheur de la page pour laisser sa marque. Chaque négation porte le contour de ce qu'elle nie.

Peut-être que la tâche, maintenant, n'est pas de rallumer l'allumette, mais d'étudier la lueur résiduelle – pour voir comment la raison persiste même dans la décadence, comment la foi dans le progrès continue d'animer ses réfutations. L'ampoule ne s'éteint pas lorsque l'interrupteur est actionné ; elle s'estompe, bourdonne, se consume. Nos institutions, nos sciences, nos critiques fonctionnent toutes sur ce courant résiduel. Nous ne vivons pas dans les Lumières, mais dans leur demi-vie.

Apprendre de l'image rémanente, c'est accepter qu'il n'y a pas d'extérieur à la lumière, pas de point de vue non exposé. La question n'est pas comment la détruire, mais comment y demeurer – comment voir à l'intérieur de la brume persistante sans la confondre avec l'aube. Les Lumières n'ont jamais pris fin ; elles n'ont fait que reculer, laissant leur éclat sur tout ce qu'elles touchaient. Le vrai travail commence dans cette pénombre, lorsque les yeux, enfin, commencent à s'ajuster.

L'image rémanente s'estompe, mais la structure demeure. Ce qui suit est une visite de cette structure – une promenade à travers les pièces où la lumière des Lumières vacille encore, où ses mythes façonnent encore notre pensée. Marchez prudemment. Les planches du sol craquent. La lumière est trop vive par endroits, trop faible ailleurs.

PARTIE II

La
MAISON DE RAISON

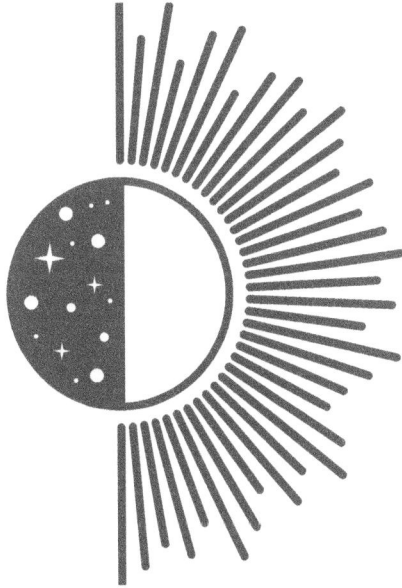

CINQ

L'architecture des Après-Lumières

LES LUMIÈRES ONT CONSTRUIT UNE MAISON POUR LA RAISON. C'ÉTAIT ÉLÉGANT, symétrique, bien éclairé. Chaque pièce avait été conçue pour contenir un mythe fondamental – l'objectivité, l'agence, le progrès, la normalité – les illusions qui façonnent encore notre manière de penser et de vivre. Le problème n'a jamais été l'artisanat, mais le plan : chaque pièce reposait sur une fondation qui ne tiendrait pas. Le projet des Après-Lumières commence par une marche à travers ces pièces, tapotant les murs, écoutant le vide que le progrès a recouvert de peinture.

Chaque essai de ce volume démonte l'un de ces mythes porteurs de charge – des idées qui promettaient la stabilité tout en déformant discrètement ce que cela signifie de vivre et de penser. Lus ensemble, ils relèvent moins de la démolition que de l'archéologie, écaillant le plâtre pour révéler l'échafaudage en dessous.

Marchez prudemment. Les planches du sol craquent. La lumière est trop vive par endroits, trop faible ailleurs. Nous allons avancer lentement, de pièce en pièce, alors que l'éblouissement commence à s'estomper.

Les six salles qui suivent développent des essais publiés pour la première fois dans le corpus des Après-Lumières de l'auteur (2025). Pour cette édition, ils ont été réagencés et intégrés : résumés et échafaudages académiques supprimés, voix harmonisées. Chaque salle s'ouvre sur une brève vignette et se poursuit par une excavation plus profonde.

Au-delà de la maison, la Partie III prolonge la pratique : une méditation liminaire sur le temps de la pensée, un manuel de terrain concis et sang-froid, et des notes de clôture pour le gardien. Ce qui suit n'est pas un système, mais une manière de prendre soin de ce qui reste.

La première salle – L'objectivité est une illusion : Le rituel de la raison

La porte d'entrée s'ouvre sur la vérité elle-même. Ici, l'objectivité se révèle non pas comme neutralité, mais comme un rituel – une posture héritée se déguisant en épistémologie. Ce que nous appelons raison fonctionne souvent comme une étiquette : un ensemble de manières convenues pour apprivoiser l'incertitude. Cet essai amorce le désapprentissage en montrant que nos instruments de clarté sont des performances sociales, non des miroirs du réel.

Les Lumières imaginaient que la vérité pouvait être purifiée de toute perspective, que la vision pouvait flotter librement hors du corps. Mais chaque acte d'observation porte les empreintes de son observateur. Ce que nous appelons objectivité n'est pas une lentille transparente, mais un style collectif – une chorégraphie de crédibilité qui donne à la connaissance l'apparence de la propreté. La lumière de la raison est théâtrale, non naturelle : elle flatte à la fois le performeur et le spectateur.

Dans cette pièce, les murs sont d'un blanc éclatant, mais la peinture cache des siècles d'empreintes. Les toucher, c'est se rappeler que la pensée a toujours été sociale, que la vérité n'est pas une découverte mais un accord que nous continuons de re-signer.

Suivez le couloir jusqu'à la pièce suivante. La lumière y bourdonne plus fort.

Expansion: L'objectivité comme échafaudage

L'objectivité a longtemps été traitée comme le fondement granitique du raisonnement social et moral.

Les prêtres l'ont autrefois fondée sur le commandement divin, les scientifiques plus tard sur la méthode empirique, et les politiciens désormais sur les institutions démocratiques. Pourtant, chacune de ces bases s'est révélée moins granitique qu'un simple échafaudage – un cadre maintenu par la répétition, le pouvoir et la rhétorique.

Les craquements n'ont jamais disparu ; on les a seulement recouverts d'une couche de peinture.

Ce qui suit trace cinq poutres de cet échafaudage :

1. **La subjectivité est la ligne de base.**
   Chaque énoncé découle d'une perspective ; même la prétention à l'objectivité est elle-même un point de vue situé.
2. **La relativité est émergente.**
   Le consensus n'est pas une découverte mais une convergence – des planches se chevauchant jusqu'à paraître solides.
3. **L'objectivité est une illusion.**
   La répétition durcit la convention en dogme ; l'échafaudage est pris pour de la pierre.
4. **La rhétorique établit la vérité.**
   Ce qui perdure en tant que « vrai » le fait par la persuasion et la résonance, non par un ancrage métaphysique.
5. **Les énoncés moraux sont prescriptifs.**
   Nos « devoirs » sont des lignes à la craie, des règles du jeu qui ne tiennent que tant que nous acceptons d'y jouer.

De ces prémisses découle une éthique non de certitude mais de réciprocité – le maintien mutuel de la structure que nous partageons. Frapper trop fort, c'est la trahir ; prétendre qu'elle est de granit, c'est se mentir à nous-mêmes.

La tâche du philosophe, dès lors, n'est pas de rebâtir des temples de la raison, mais de garder l'échafaudage habitable : l'entretenir, le réparer, le stabiliser.

La deuxième salle – Fantômes rationnels : la machinerie hantée de choix

Au-delà du seuil se déploie la politique, construite sur le mythe selon lequel le collectif peut être gouverné par l'arithmétique des individus. Fantômes rationnels retrace comment l'architecture démocratique issue des Lumières – ses équations du choix et de la volonté – a transformé la participation en consommation. Ce qui demeure n'est pas un consensus raisonné, mais un système hanté, possédé par ses propres abstractions.

Les Lumières ont remplacé le droit divin des rois par le droit divin des nombres. Les votes sont devenus des sacrements ; le consentement, un rituel. Pourtant, la volonté du peuple n'est pas moins spectrale que la volonté de Dieu : elle doit être invoquée pour exister. Chaque élection ressuscite le fantôme, exigeant la croyance en un citoyen rationnel qui n'apparaît jamais tout à fait.

Dans cette pièce, les voix résonnent. Chaque mur répète le même refrain dans des tonalités légèrement différentes, et quelque part entre elles se forme l'illusion d'unité. La lumière est stable mais froide – la fluorescence de l'administration, où la raison bourdonne à la fréquence de la bureaucratie.

À travers l'arche du fond, l'air se réchauffe. La pièce suivante mesure le temps lui-même.

Expansion : *La démocratie et ses fantômes rationnels*

Les architectes de la démocratie ont imaginé une espèce qui n'a jamais existé : rationnelle, cohérente, autocorrectrice. Les constitutions, les élections et les parlements ont été conçus pour ces citoyens spectraux – des esprits impartiaux capables, d'une manière ou d'une autre, de se fondre en une seule et cohérente « volonté du peuple ».

Le problème, c'est que les êtres humains ne sont pas ces créatures-là. Nous sommes biaisés, grégaires, et prisonniers de nos récits. La psychologie en révèle le mythe (Kahan, Kahneman, Haidt) ; les mathématiques en démontrent l'impossibilité (théorème d'Arrow, chaos de McKelvey) ; la sociologie en expose les limites d'échelle (nombre de Dunbar). Ensemble, elles dévoilent la démocratie des Lumières comme une machine conçue pour des fantômes, chancelante sous le poids des vivants.

Les lignes de fracture du modèle apparaissent partout : des référendums qui réduisent la complexité en moralités binaires ; des coalitions qui s'effondrent sous leur propre arithmétique ; des populismes qui instrumentalisent l'appartenance. Chaque crise est la même hantise : des institutions créées pour des fantômes rationnels, habitées par des primates émotionnels.

Ce qui paraissait stable pendant des siècles ne l'était qu'en apparence : la prospérité, les ennemis extérieurs et le mythe civique maintenaient l'échafaudage en place. Ces appuis ont disparu. La façade de la raison demeure, mais la maison est creuse, ses poutres gémissent.

Pour survivre, la politique doit être repensée pour les créatures que nous sommes, non pour les spectres que nous avions imaginés. Elle doit remplacer les fantômes rationnels par des citoyens vivants – imparfaits, partiaux, persuadables, incarnés. Faute de quoi, les rituels de la démocratie deviennent des séances : des bulletins déposés dans la foi que les morts répondront.

La troisième salle – Fantômes temporels : La tyrannie du présent

Le temps forme le couloir qui relie toutes les autres pièces. Fantômes temporels explore comment les Lumières ont transformé la durée en progrès, convertissant le rythme humain des saisons et de la décomposition en une seule flèche orientée vers l'avant. Nous habitons encore cette invention : le présent anxieux qui se nomme lui-même avenir.

Le progrès fut l'horloge des Lumières : chaque tic une amélioration morale, chaque tac un pas vers la perfection. Mais les horloges ne mesurent pas le temps – elles le produisent. Leur régularité enseigne au corps ce que « maintenant » devrait signifier. Sous leur discipline, le passé devient rebut et l'avenir un entrepôt de promesses indéfiniment ajournées.

Dans cette pièce, la lumière ne change jamais. Les rideaux sont tirés, mais la vue reste immobile – un horizon lumineux peint sur le mur. Rester ici, c'est sentir que le mouvement lui-même est devenu illusion, que la ligne droite du temps n'est qu'un autre couloir construit pour nous maintenir en marche.

Au-delà de ce couloir se trouve le cabinet – la chambre du moi, et le seuil de la quatrième salle.

Expansion : Fantômes temporels – La tyrannie du présent

Les Lumières imaginaient le progrès comme un mouvement, mais ce qu'elles ont produit, c'est la fixation – un empire des horloges. Le temps n'était plus le pouls vivant des saisons et de la décomposition ; il est devenu une technologie de gestion. Chaque emploi du temps, chaque calendrier, chaque échéance bourdonne encore de cet héritage : la moralisation du rythme.

Une fois que le temps a pu être mesuré, il a pu être monétisé. L'horloge industrielle a converti la durée en dette, synchronisant les corps au rythme des machines. Ce qui était cyclique est devenu linéaire, et ce qui était partagé est devenu propriété. La sirène d'usine a remplacé la cloche de l'église, marquant non plus la dévotion mais la production.

L'horloge politique a bientôt suivi. Les nations ont appris à mesurer leur légitimité au tempo : la réforme comme accélération, la stagnation comme péché. L'histoire elle-même a été repensée comme un escalator de perfection. Le « futur » est devenu un projet, et le « présent » un couloir provisoire qui y mène. Nous habitons encore ce couloir, entourés de rapports d'avancement et d'évaluations de performance – tous prétendant que le mouvement équivaut au sens.

Même la philosophie a absorbé le tic. La dialectique de Hegel, la révolution de Marx, le positivisme de Comte – tous ont plié le temps en trajectoire. Chacun promettait une culmination, une synthèse, un aboutissement à l'horizon de l'histoire. Mais un tel horizon n'existe pas : la ligne ne fait que s'enrouler, toujours plus serrée, toujours plus rapide, jusqu'à ce que le mouvement en avant devienne indiscernable de la fuite.

Vivre à l'intérieur de cette géométrie, c'est oublier que l'attente avait autrefois sa dignité. L'année prémoderne était une conversation entre semence et récolte, crépuscule et aube – un rythme de retour. L'année moderne est un indicateur de productivité : un registre de mises à jour, de renouvellements, de croissances trimestrielles. L'intervalle – le moment entre – est désormais traité comme un déchet.

La tyrannie du présent ne réside pas dans le fait qu'elle nous enferme ici, mais dans ce qu'elle interdit la lenteur. Même le repos est instrumentalisé comme temps de récupération pour le prochain sprint. Le don des Lumières – l'amélioration perpétuelle – est devenu un édit contre le contentement.

Le Dés-Intégrationniste ne propose pas de nouvelle horloge. Il invite plutôt à écouter les rythmes plus lents du monde : la lenteur de la décomposition, la patience de l'entretien, la sagesse des intervalles qui refusent l'accélération. Chaque philosophie du progrès consume son propre carburant. La tâche n'est pas de se précipiter vers l'avenir, mais d'habiter le présent sans dette – de laisser le temps se dilater à nouveau, inégal, local, vivant.

S'arrêter dans le couloir, ce n'est pas se rendre : c'est remarquer que les murs eux-mêmes ont été peints pour bouger.

La quatrième salle – Contre l'agency (Against Agency) : le soi qui n'a jamais été

Le couloir se rétrécit et s'ouvre sur un cabinet. L'air est immobile. La poussière flotte dans le faisceau d'une seule lampe, éclairant un bureau, un miroir et une chaise légèrement de travers – comme si son occupant venait de s'éloigner pour réfléchir. C'est la chambre du soi, l'invention favorite des Lumières et leur mythe le plus tenace.

Ici siège l'acteur autonome : le sujet rationnel imaginé capable de se tenir à distance des circonstances, de décider, de vouloir, de créer le monde par intention. Il était le chef-d'œuvre de la raison moderne – la créature qui pouvait signer des contrats, voter, confesser ses péchés et assumer à la fois la vertu et la faute. Les Lumières exigeaient son existence ; sans lui, aucune promesse de liberté ni de progrès ne pouvait tenir.

On l'appelait l'individu – un esprit assez lumineux pour se guider lui-même, un corps assez discipliné pour obéir à ses propres commandements. De lui, le nouvel ordre tirait son pouvoir : chaque parlement, chaque tribunal, chaque marché exigeait sa signature. Sans cet acteur autonome – choisissant librement, errant librement – l'architecture de la raison n'aurait eu aucun locataire. L'agency était le mythe qui maintenait la machine en marche.

Mais plus nous restons dans cette pièce, plus tout semble mis en scène. Les livres sur les étagères ne sont pas lus ; le miroir est terni par le souffle. Le soi, il s'avère, n'est pas le propriétaire de la pièce, mais son écho. Ce que nous appelons volonté est une chorégraphie apprise d'architectures invisibles – habitudes, histoires, économies – qui se meuvent à travers nous et nomment notre mouvement le leur.

Dans *Against Agency*, j'ai soutenu que cette créature n'a jamais existé. Ce que les Lumières ont célébré comme volonté était un dispositif comptable : une manière d'attribuer éloge et reproche, dette et devoir. La liberté est devenue le solvant qui empêchait les comptes moraux et économiques de se figer. Ce n'était pas une ontologie, mais un audit. Le soi fut inventé pour équilibrer le grand livre.

Sous le régime optique de la modernité, l'individu apparaissait comme un petit soleil portable – chaque personne imaginée comme un point de raison auto-éclairant. La métaphore était séduisante : si la lumière rayonne vers l'extérieur, la responsabilité le doit aussi. Mais chaque lanterne a besoin d'huile, et cette huile était sociale. L'obéissance du travailleur, le consentement de l'électeur, la repentance du pêcheur – tout cela était mis en scène pour que la lampe reste allumée. La liberté, répétée assez souvent, finit par passer pour un fait.

L'agence, en ce sens, n'a jamais été un pouvoir, mais une permission. Elle n'existait que dans la bande passante accordée par les circonstances. Agir supposait de la sécurité, du temps et de l'attention – ces mêmes ressources inégalement distribuées par les systèmes qui prêchaient l'égalité de volonté. Le choix de l'homme riche et la nécessité de la femme pauvre portaient le même nom : décision. Les Lumières ont transformé la contingence en culpabilité et ont appelé cela justice.

Cette illusion persiste parce qu'elle flatte à la fois le dirigeant et le gouverné. Au premier, elle offre une couverture morale : si les sujets sont autonomes, leur souffrance est auto-engendrée. Aux seconds, elle confère de la dignité : si chaque acte est un choix, alors endurer devient héroïsme. Entre ces deux consolations, la fiction perdure. Nous confondons le mouvement avec la maîtrise, le réflexe avec la raison. Le moi se croit lumineux parce que les murs autour de lui sont peints en blanc.

Pourtant, les fissures apparaissent. La neuroscience, l'économie comportementale et l'épuisement ordinaire convergent vers la même conclusion : le soi ne dirige pas, il surfe – sur les courants de l'habitude, des hormones et de l'histoire. Ce que nous appelons volonté est souvent un élan que l'on identifie trop tard. La liberté est une narration *post factum* : un commentaire ajouté en sous-titres, après que la scène s'est déjà jouée. Nous ne sommes pas les auteurs, mais les annotateurs de notre propre conduite.

L'alternative n'est pas le fatalisme, mais la réactivité. Tout être vivant s'ajuste aux signaux, aux contraintes, aux invitations. Le choix émerge dans l'intervalle entre impulsion et inhibition – une lueur de conscience relationnelle. L'éthique commence dans cette lueur. Agir de manière responsable, ce n'est pas affirmer son contrôle, mais rester réceptif – sentir la pression changeante du monde et s'y déplacer avec un minimum de violence. La réactivité est ce qui demeure de l'agence une fois les lumières du théâtre éteintes. Imaginez une conversation où personne ne se précipite pour réclamer le dernier mot, où le silence n'est pas absence, mais attention. Imaginez une politique qui mesure son succès non par la clarté de ses lois, mais par la capacité de son peuple à écouter, à s'adapter, à prendre soin.

Vue ainsi, la morale change de tonalité. Elle cesse de mesurer la souveraineté pour mesurer la sensibilité. La question n'est plus : Qui a causé cela ? mais : Qui écoute ? La liberté devient écologique : la capacité d'un système à maintenir ouverts ses canaux de réactivité. La politique devient l'entretien de ces canaux – éducation, repos, confiance, temps. Toute société qui les étrangle puis blâme les épuisés pour leur silence rejoue la plus vieille blague des Lumières.

Quand l'autonomie s'efface, une intelligence plus calme émerge. La lumière qui venait autrefois du moi est remplacée par une lueur ambiante de relation – chaque conscience reflétant les autres. La réactivité est cette lumière : diffuse, partagée, sans propriétaire. Vivre selon elle, c'est renoncer au rêve d'être incandescent et apprendre à voir par réflexion. C'est là que commence le Dés-Intégrationnisme : au crépuscule de l'empire de l'agence, quand la philosophie cesse d'adorer la lampe et commence à s'occuper de ce qu'elle n'éclaire que par accident.

Au-delà du cabinet, un escalier monte. L'air se refroidit, la lumière devient plus clinique. Ici, l'obsession des Lumières pour la mesure et le contrôle atteint son sommet – la pièce où l'humain lui-même a été redessiné pour devenir lisible.

Expansion: Contre l'agency – La fiction du soi autonome

Les Lumières ont couronné l'individu comme leur dernier miracle. Chaque institution sociale – du tribunal au marché – a été construite sur cette seule affirmation : qu'un être humain peut se détacher du monde et choisir. Pourtant, le moi souverain n'a jamais été plus qu'une commodité administrative. Il a donné au droit un sujet, à la morale un débiteur, à l'économie une unité d'échange.

L'agency est devenue un dispositif comptable : une manière d'attribuer éloge et reproche, crédit et culpabilité, comme si la conduite humaine relevait d'un grand livre parfaitement équilibré. La liberté, reformulée dans cette grammaire, signifiait redevabilité. La volonté fut imaginée comme une propriété privée : clôturée, imposable, exécutoire.

La fiction perdure parce qu'elle flatte. Au souverain, elle offre une justification – si les sujets sont libres, leur souffrance est auto-engendrée. Au sujet, elle confère une dignité – si chaque acte est un choix, alors endurer devient héroïsme. Entre ces deux consolations, la machinerie continue de bourdonner.

Mais les preuves se rebellent depuis des siècles. La psychologie, la neurobiologie et même la fatigue ordinaire témoignent que ce que nous appelons volonté n'est souvent qu'un après-coup : l'esprit expliquant des décisions déjà prises. Le choix est narration ; l'intention, poésie rétrospective. La liberté, en pratique, n'est qu'un élan reconnu trop tard.

Le Dés-Intégrationnisme ne voit pas là une défaite, mais une clarification. L'effondrement de l'autonomie révèle une autre forme d'intelligence, mouvante sous le mythe : la réactivité. Tout organisme s'ajuste. L'action n'est pas écrite mais coécrite – une improvisation avec les circonstances. Le monde se déplace à travers nous, et l'éthique commence dans la manière dont nous le recevons.

Agir de manière responsable, alors, ce n'est pas affirmer le contrôle, mais rester à l'écoute. La lampe des Lumières imaginait le moi comme sa propre source de lumière ; le Dés-Intégrationniste y voit plutôt une écologie de reflets, où chaque conscience éclaire les autres. La maturité morale ne réside pas dans la maîtrise, mais dans la sensibilité – la capacité à percevoir la conséquence avant que la conviction ne se fige.

Cette révision transforme l'éthique. La question passe de Qui a causé cela ? à Qui écoute ? La justice cesse d'être synonyme de rétribution pour devenir réciprocité. La politique devient entretien : le soin des canaux qui permettent la perception, le repos et la confiance.

Dans ce monde reformulé, l'agency se dissout, mais la responsabilité s'approfondit. Le soi n'est plus l'auteur de l'histoire, mais l'un de ses instruments – une surface résonante à travers laquelle les événements font entendre leur son. Bien vivre, c'est garder cette surface accordée : ni rigide ni lâche, capable de porter le ton sans se briser.

Renoncer à l'autonomie, ce n'est pas disparaître, mais redevenir audible. Le bruit de la volonté s'apaise ; ce qui reste, c'est la relation – l'acoustique subtile de l'attention elle-même.

La cinquième salle – Le mythe d'Homo Normalis : l'humain lisible

Un escalier étroit monte depuis le cabinet. Les marches sont peu profondes, polies par la répétition. En haut : une longue galerie bordée de miroirs. Leur argenture commence à s'effacer, mais les reflets persistent – certains déformés, d'autres étrangement précis. C'est la salle des miroirs des Lumières, le lieu où la raison a appris à se contempler et à nommer l'image humaine.

Chaque empire commence par mesurer les corps qu'il gouverne. Les Lumières appelèrent cette mesure science : un catalogue bienveillant des enfants de la raison. De cette arithmétique éclatante naquit *Homo Normalis* – l'homme moyen, la moyenne entre les extrêmes, l'humain lissé de toute particularité. Il n'était pas une personne, mais un fantôme statistique, conjuré à partir de l'agrégat puis imposé au vivant comme idéal. Ses proportions devinrent nos miroirs. Sa symétrie, notre honte.

Avant la modernité, la différence était d'abord narrative : saints et pécheurs, fous et génies, chacun jugé dans l'histoire qui le contenait. Les Lumières remplacèrent la parabole par la courbe en cloche. Chaque trait – taille, intelligence, vertu – fut tracé sur un graphique, et le point médian déclaré sacré. La déviation devint pathologie. L'erreur devint identité. L'imagination morale de l'Occident apprit à vénérer le centre.

Une fois la déviation mesurable, elle put être administrée. Hôpitaux, prisons, écoles et usines s'alignèrent sur la nouvelle géométrie de l'amélioration. La *règle et le règne* – l'instrument et le monarque – fusionnèrent. La lisibilité devint la condition du soin : être vu, c'était être sauvé, mais seulement si l'on correspondait à la lentille. Les autres devinrent des distorsions, à corriger ou à effacer.

Le paradoxe, c'est que la normalité n'a jamais été trouvée dans la nature. C'était une invention bureaucratique déguisée en découverte. L'homme moyen n'a pas précédé la mesure ; il en est issu. Les Lumières crurent découvrir une loi de proportion humaine alors qu'elles avaient, en réalité, frappé une nouvelle monnaie du contrôle. La visibilité devint vertu. Être connu, c'était être bon. L'âme fut redécrite en données.

Cette foi en la lisibilité anime encore nos machines. Nous l'appelons transparence, nous l'appelons inclusion, mais la logique reste la même : le système qui veut tout voir doit aplatir ce qu'il voit. Les mégadonnées ne sont que le recensement des Lumières accéléré à la vitesse de la lumière. L'algorithme hérite du regard du magistrat – omnivoyant, infatigable, efficace. Il juge par corrélation, non par conviction, mais le résultat demeure familier : un monde où les valeurs aberrantes sont dangereuses précisément parce qu'elles déstabilisent le modèle.

Pourtant, cette illumination constante a un coût éthique. Plus nous devenons visibles, moins nous restons distincts. La vie privée, l'opacité, le refus – ne sont pas des défauts de l'ordre social, mais ses dernières formes de grâce. Vivre autrement, c'est confondre détection et compréhension, reconnaissance et relation. Le rêve de la pleine lisibilité se termine, inévitablement, en surveillance : l'œil qui prétend nous connaître mieux que nous-mêmes.

Contre cela, le Dés-intégrationnisme ne propose pas le secret, mais la subtilité. Il ne romantise pas l'obscurité ; il la restitue comme condition de la liberté. Toute relation exige une marge d'ignorance – une ombre où l'interprétation peut se reposer. L'éthique, sous cet angle, n'est pas l'élimination de l'ambiguïté, mais son entretien. Garder une personne partiellement illisible, c'est la maintenir possible.

Homo Normalis fut l'illusion la plus flatteuse des Lumières : le fantasme que la raison pouvait façonner l'humain. Il offrait le confort de la symétrie, la sécurité des moyennes, la chaleur de l'appartenance. Mais il rendait aussi la monstruosité inévitable. Le moment où le milieu devient moral, la différence devient faute. La seule issue à cette géométrie est de s'écarter de sa lumière – demeurer, comme tout corps réel, à la lisière de la mesure, là où les instruments se brouillent et où le soi cesse de vouloir se mettre au carré.

Les miroirs vacillent lorsque vous vous retournez pour partir. Chaque panneau en reflète un autre, une récursion de regards se repliant sur eux-mêmes jusqu'à ce que la forme se dissolve en scintillement. Ici, l'accomplissement le plus fier des Lumières – la connaissance de soi – devient sa prison la plus élégante. Au-delà de ces reflets, un escalier descend à l'air libre. Le toit a disparu. La prochaine et dernière chambre n'est plus une pièce, mais un seuil : là où la philosophie, dépouillée de tout abri, apprend enfin à vivre sous les éléments.

Expansion : Le mythe d'Homo Normalis – L'humain lisible

Le projet le plus durable des Lumières n'était pas la vérité, mais la lisibilité. Pour gouverner, il fallait d'abord rendre l'humain visible, comparable, classable. Le recensement, le tableau, le graphique – devinrent des instruments moraux, transformant la différence en déviation et la variation en erreur.

De *l'homme moyen* de Quetelet – the average man – au calcul eugénique de Galton, le concept s'est durci en centre éthique. La déviation devint pathologie ; la normalité, vertu. La modernité apprit à vénérer le milieu. Écoles, hôpitaux et prisons suivirent bientôt la même géométrie : chacun un couloir de mesure, chacun calibré pour ramener l'aberrant à la forme.

Cette arithmétique promettait l'équité, mais livrait la conformité. Ce qu'elle appelait soin était souvent correction ; ce qu'elle appelait science était classification. La visibilité devint à la fois salut et surveillance : être vu, c'était être sauvé – mais seulement si l'on correspondait au cadre.

La machinerie n'a changé que d'interface. Les systèmes de reconnaissance faciale apprennent désormais les visages comme les Lumières apprenaient les crânes : en les classant. La police prédictive, le scoring de crédit et la modération de contenu héritent tous de la même conviction : que le comportement peut être normalisé par l'exposition. L'algorithme ne remplace pas le bureaucrate ; il le perfectionne. Chaque jeu de données est un sermon sur la vertu de la moyenne.

L'« éthique » de l'IA ne fait que mettre à jour le vocabulaire. Biais, équité, transparence : chacune de ces notions tente de racheter la même foi qui a engendré le problème. Réguler l'algorithme, c'est encore préserver la géométrie qui exige la lisibilité. L'impulsion de tout voir demeure l'héritage intact des Lumières.

Plus le système voit, moins il comprend ; plus l'exposition s'intensifie, plus le monde s'aplatit.

Le dés-intégrationnisme ne répond pas par le secret mais par la subtilité. Il restaure l'opacité comme droit éthique – l'ombre nécessaire à la liberté. Chaque relation exige une zone d'illisibilité, une marge où l'interprétation peut se reposer. L'éthique n'est pas l'élimination de l'ambiguïté, mais son entretien : le soin de l'incertain.

Refuser la pleine lisibilité, ce n'est pas se cacher ; c'est rester possible. La normalité n'a jamais été trouvée dans la nature – elle fut construite, brique bureaucratique après brique, jusqu'à ce que la structure se prenne pour de la chair. La tâche, désormais, n'est pas la démolition, mais la déréliction : laisser le bâtiment respirer jusqu'à ce que ses contours se brouillent et que l'humain échappe à sa symétrie.

Dans la pénombre, les miroirs se voilent à nouveau. Des formes réapparaissent – imparfaites, vivantes, incommensurables.

La sixième salle – La discipline de la Dés-Intégration : Philosophie sans rédemption

L'escalier descend dans les airs. Il n'y a plus de plafond maintenant, seulement le ciel froid et large.

Le vent se déplace à travers les poutres, dispersant des papiers laissés sur une table il y a longtemps. Les murs, autrefois brillants d'intention, se sont effrités en ouvertures. Ce n'est pas tout à fait une ruine, pas tout à fait une maison – juste un espace qui refuse de conclure. Ici, l'architecture des Lumières se termine, et quelque chose de plus calme commence.

Chaque système rêve de réparation.

C'est le réflexe le plus ancien de l'esprit des Lumières : la conviction que la fracture est un échec et que la pensée existe pour réparer. Même la critique, son enfant le plus rebelle, échappe rarement à ce réflexe – exposer le défaut, rédiger la correction, reconstruire l'édifice plus fort qu'avant. La discipline de la Dés-Intégration commence lorsque cet instinct vacille. Elle ne rejette pas la réparation par désespoir mais par précision. La maison continue de s'effondrer parce que ses fondations exigent la perfection.

Penser de manière désintégrative, c'est accepter que le travail de la philosophie ne se termine pas par une rénovation mais par une maintenance. Cette pratique commence là où la rédemption s'arrête – où chaque guérison promise se révèle comme un autre symptôme. Les Lumières considéraient la raison comme une flamme purificatrice ; ce qui reste maintenant, ce sont les marques de brûlure, faibles mais instructives. Nous pouvons encore apprendre du résidu, mais nous ne pouvons plus prétendre reconstruire le feu.

Le Dés-Intégrationnisme n'est pas un culte des ruines ; c'est une discipline de sérénité. Il désigne l'art de demeurer auprès de ce qui se fissure, plutôt que d'esquisser une nouvelle illusion. Le trait d'union est important. Il signale la délibération : pas l'effondrement dans le chaos mais l'espacement choisi entre les fragments. Là où la philosophie cherchait autrefois la synthèse, cette méthode cultive la suspension – la capacité de tenir la contradiction sans la fermer.

Dans cette chambre ouverte, les éléments sont des invités constants. La pluie écrit sur la pierre ; la mousse s'épaissit dans les coins. Vivre ici, c'est apprendre un nouveau rythme de soins. Vous essuyez la table, réparez la charnière, colmatez le toit – pas parce que vous croyez que la structure est éternelle, mais parce que l'entretien est la seule relation honnête qui lui reste. C'est une métaphysique de l'entretien : une attention sans fin de partie, une compassion sans téléologie.

Deux gestes définissent l'artisanat.

Tout d'abord, nommer la couture – tracer où la construction rencontre la contingence, où la surface lisse cache sa jonction. Considérez, par exemple, comment l'idéal de l'« objectivité » dépend du travail tacite de ceux qui nettoient le prisme, qui décident ce qui compte comme données, qui supportent le coût de ce qui n'est pas examiné.

Deuxièmement, rester avec cela – résister à la narcotique de la solution, permettant au bord exposé de rester exposé.

Chaque acte défie la grammaire de progrès des Lumières. Il remplace la démarche du héros vers l'avant par le retour du gardien. Le geste est plus petit mais plus exact.

Pour beaucoup, cette position semblera passive. Ce n'est pas le cas. L'entretien est le travail invisible qui permet tout mouvement. Chaque lumière qui brûle encore le fait parce que quelqu'un a nettoyé le verre. Le Dés-Intégrationniste accepte la futilité de la réparation finale et, paradoxalement, trouve dans cette futilité une endurance plus profonde. Il y a de la dignité dans l'entretien – une éthique tranquille de persistance qui survit à la rhétorique de chaque révolution.

Au-delà de la rédemption, la philosophie redevient tactile. La pensée revient au souffle, à la poussière, au pouls lent de ce qui refuse d'être accompli. La discipline est simple : s'occuper de ce que vous pouvez atteindre, réparer ce que vous touchez, laisser le reste non promis. Lorsque les architectes auront finalement plié leurs plans, les gardiens seront déjà au travail – réparer, balayer, garder l'endroit habitable assez longtemps pour que la réflexion continue.

C'est la dernière pièce parce qu'elle refuse de fermer. La maison de la Raison se tient derrière vous, ses fissures maintenant visibles, sa lueur maintenant faible. Devant, il n'y a pas de plan – seulement le travail d'entretien de ce qui reste. Il n'y a pas de porte à verrouiller, pas de plafond pour contenir l'air. Ce qui a commencé dans l'éblouissement des Lumières se termine dans la pénombre du maintien – une philosophie qui connaît sa propre impermanence et appelle cette connaissance paix.

Expansion : La Discipline de la Dé-Intégration – Philosophie sans rédemption
Le premier instinct de la philosophie est de finir. Chaque argument aspire à sa période, chaque pensée aspire à la réconciliation. La discipline de la Dés-Intégration commence par retenir les deux. Elle nomme une pratique consistant à rester inachevée.

Là où la déconstruction a révélé l'instabilité, le Dés-Intégrationnisme l'habite. Il traite la fragmentation non pas comme un défaut mais comme le climat, l'air à travers lequel la pensée se déplace maintenant. Vivre après les Lumières, c'est accepter l'inachèvement comme la seule forme d'exactitude.

1. Nommer la couture

   Chaque système cache une maille qui lie la nécessité à l'invention. La première discipline est de le voir : exposer la construction sans le théâtre de l'exposition. Nommer ne détruit pas ; il désenchante. Une fois visible, la jointure perd sa tyrannie – non pas parce qu'elle disparaît, mais parce qu'elle est reconnue comme provisoire.

2. Rester avec cela

   La deuxième discipline est la patience. Rester avec ce qui a été révélé sans le narcotique de réparation. Rester assis avec une fracture, ce n'est pas s'abandonner au désespoir mais pratiquer le calme, la stabilité qui permet aux soins de remplacer la conquête.

De ces gestes émerge une éthique de maintien. La création promettait autrefois la rédemption ; l'entretien promet l'endurance. C'est le travail d'empêcher ce qui persiste de s'effondrer davantage, d'honorer l'usage plutôt que la nouveauté, la relation plutôt que la résolution. La maintenance accepte l'entropie comme compagnon, pas comme ennemi.

En ce sens, le Dés-Intégrationnisme n'est pas une philosophie d'effondrement mais de calibration. Il entraîne l'attention à se déplacer sans conquête, à tenir la conscience sans fermeture. Il remplace le progrès par la réciprocité, la maîtrise par le soin.

Cette discipline refuse la rédemption parce qu'elle comprend la réparation comme infinie. Chaque restauration cache une nouvelle fracture ; chaque guérison engendre sa rechute. La tâche n'est pas de sceller la couture mais de l'entretenir–pour garder le monde habitable, pas parfait.

Les changements de paradigme, sous cette lumière, ne sont pas des révolutions mais des érosions – des changements de condition lents et progressifs. Nous ne sautons pas vers le nouveau mais nous nous habituons à ce qui reste. Le Dés-Intégrationniste apprend à respirer dans cet intervalle, à vivre au sein du *bardo* de la pensée, où le sens ne s'est pas encore durci en doctrine.

Demeurer ici, c'est découvrir que la philosophie, une fois dépouillée de sa téléologie, commence à sonner comme une prière : répétition sans prière, attention sans objet.

Éthique du soin et de la réciprocité

Le soin remplace le contrôle. Ce n'est pas une guérison ; c'est une constance. Il prend soin sans promesse de salut. Chaque acte de soin affirme le monde inachevé et le moi inachevé. La réciprocité suit : maintenir, c'est participer à une endurance collective, travailler avec d'autres pour maintenir l'échafaudage debout, juste assez longtemps pour que le sens puisse continuer.

Le Dés-Intégrationnisme se termine là où la philosophie commence rarement – avec l'entretien comme sa forme de pensée la plus élevée. Le monde, comme tout instrument fragile, nécessite plus souvent un accordage qu'une transformation.

SIX

Lignes de faille : Comment les systèmes échouent par conception

RECULEZ UN PEU. DE CETTE HAUTEUR, LA MAISON DE LA RAISON SEMBLE intacte - colonnes droites, fenêtres limpides, lignes de toit nettes contre le ciel. Pourtant, chaque mur vibre faiblement de tension. Les fissures ne sont pas des accidents ; elles sont inscrites dans le plan. L'instabilité, dans ces architectures, est structurelle.

Les Lumières imaginaient la complexité comme quelque chose à gérer, non à endurer. Elles voulaient un monde calculable, des résultats prévisibles, des systèmes obéissants à la pensée linéaire. Mais les systèmes vivants – politiques, écologiques, psychologiques – résistent aux lignes droites. Ils plient, bouclent, s'ajustent d'eux-mêmes. Lorsqu'on les contraint à l'ordre, ils se brisent selon des rythmes familiers : effondrement, réforme, effondrement encore.

La même physique qui régit les modèles climatiques hante aussi bien les économies que les empires. Le retour d'information devient bruit ; la résilience devient fragilité déguisée en force. Chaque révolution hérite de la logique de la précédente, parce que le plan – le rêve de maîtrise – reste inchangé.

« La complexité », comme le notent les théoriciens des systèmes, « est l'endroit où vont mourir les idéaux. » Pourtant, leur mort est instructive. Chaque échec marque la limite d'un dessin qui a confondu le contrôle avec le soin, la cohérence avec la vérité. Les fissures ne sont pas des fléaux ; ce sont des brèches. Par elles s'infiltre le temps qu'il fait. Par elles respire la vie.

Les Après-Lumières apprend non pas à les sceller mais à les entretenir – à accepter qu'un monde stable est un monde mort, et que l'endurance ne réside pas dans l'achèvement, mais dans la capacité à continuer de s'ajuster chaque fois que la perfection échoue à nouveau.

SEPT

La persistance de la lueur

SI LA MAISON CONTINUE DE SE FISSURER, POURQUOI CONTINUONS-NOUS À LA reconstruire ? L'habitude, peut-être. Ou la foi dans la clarté elle-même.

Les Lumières nous ont appris à associer la lumière à la vertu, la clarté à la sécurité. Le résultat est une dépendance émotionnelle : nous craignons la pénombre qui suit chaque échec, alors nous nous précipitons pour rallumer les ruines. La rhétorique change – innovation, réforme, disruption – mais le geste reste le même. Chaque nouvelle ampoule promet une lueur plus douce, un réseau plus intelligent, une puissance morale qui rendra enfin le monde transparent.

Les institutions ont appris à monétiser cet éclat. Le dataïsme vend l'omniscience comme bienveillance ; le capitalisme moral emballe la vertu sous forme d'abonnement. Universités, entreprises et gouvernements ne se disputent plus la vérité mais la luminosité – l'apparence de l'illumination. Plus l'image est éclatante, plus la machinerie derrière elle est sombre.

La persistance de la lueur est autant psychologique que structurelle. Elle flatte notre épuisement, nous murmurant que l'illumination nous épargnera le travail de voir. Mais la clarté sans chaleur est stérilisante : elle blanchit la nuance, efface la texture, aveugle autant qu'elle révèle.

Et si nous cessions de confondre la clarté avec la chaleur ? Et si nous acceptions que la compréhension, comme le réconfort, appartienne au crépuscule – à ces moments où la lumière s'adoucit assez pour que l'ombre revienne dans le cadre ?

La lueur persistera, bien sûr. Chaque époque aime son reflet. Mais nous pourrions au moins apprendre à reconnaître son bourdonnement : ce vrombissement doux et anxieux des systèmes qui ont peur de se reposer.

SORTIR DE LA MAISON DE LA RAISON

LORSQUE VOUS FRANCHISSEZ LE SEUIL, LE SOL CÈDE LÉGÈREMENT SOUS VOS PAS.

L'herbe a poussé entre les dalles ; le contour de la maison n'est plus visible que dans la mémoire. Les pièces que vous avez traversées sont toujours là quelque part – vérité, politique, temps, soi, corps, soin – mais elles ne s'alignent plus. Leur symétrie s'est détendue dans le paysage.

Au-dessus de vous, la lumière a changé. Ce n'est plus le blanc de la révélation, mais l'ambre du soir – oblique, patient. Le monde paraît plus vaste, non parce qu'il est nouveau, mais parce que les plafonds ont disparu.

Derrière, la maison de la raison continue de s'effondrer avec dignité, libérant sa poussière au vent. Devant, il n'y a rien à reconstruire – seulement à habiter.

Vous inspirez. L'air sent la pluie et le fer. Ce n'est pas l'illumination, mais le temps qu'il fait : une atmosphère vivante, changeante, partielle, réelle. Cela suffira.

Toute illumination doit s'éteindre avant que la perception puisse commencer. La tâche n'est pas d'allumer une nouvelle flamme, mais d'apprendre la patience du crépuscule.

Seuil : Le climat de la pensée

La maison est maintenant derrière vous. Sa géométrie persiste encore dans les muscles – la manière dont les murs enseignent la posture, dont les plafonds mesuraient autrefois l'attente. Sortez, et l'air se déplace autrement. La lumière a changé de température. Ce qui était autrefois architecture devient atmosphère.

Chaque idée laisse un climat derrière elle. Les Lumières n'étaient pas seulement une structure, mais un climat : un système de haute pression de certitude qui a remodelé l'air lui-même. Ses prévisions gouvernent encore notre façon de respirer – comment nous confondons la clarté avec la sécurité, la luminosité avec la vérité. Même les ruines rayonnent. L'intellect s'ajuste plus lentement que le corps.

Penser après la maison, c'est vivre parmi les courants d'air. Des souffles s'insinuent par les fissures de la doctrine, charriant poussière et pollen, souvenirs et rumeurs. Vous ne savez plus si le froid vient du vent ou du doute lui-même. Pourtant, cette incertitude paraît étrangement vivante – une circulation plutôt qu'un vide.

Prélude à la partie III :
La lumière qui demeure

Le soir n'efface pas le jour ; il l'accomplit. La lumière qui persiste après l'éclat n'est pas son contraire, mais sa conséquence – le résidu de la vision, une fois la volonté de voir adoucie. Les Lumières ont pris ce résidu pour une erreur, appelant chaque obscurité ignorance, chaque pause régression. Pourtant, le crépuscule a sa propre intelligence : il apprend aux yeux à s'élargir, au corps à ralentir, à l'esprit à écouter.

Vivre après la lumière, c'est hériter de son épuisement. Des siècles de radiance ont laissé l'air mince, les couleurs surexposées. Nous savons trop, mais surtout des surfaces. À présent, le monde demande un autre sens – capable de percevoir le contour sans conquérir, la relation sans réduire. La tâche qui vient n'est pas d'allumer une autre flamme, mais d'apprendre à respirer dans la pénombre.

L'ombre, jadis redoutée comme le refuge de l'erreur, devient celui de la différence. Ici, la nuance peut survivre à l'éblouissement ; la tendresse peut persister sans preuve. Les contours se brouillent, et dans ce flou revient quelque chose comme la compassion. Les distinctions rigides – vrai et faux, sain et fou, pur et impur – se ramollissent en dégradés. Nous nous souvenons peu à peu que la clarté n'a jamais été la seule vertu, simplement la plus bruyante.

La philosophie dans la demi-lumière échange la certitude contre la profondeur. Elle ne cherche plus à tout illuminer d'un seul trait, mais à suivre ce qui scintille au bord de l'attention. Les Après-Lumières ne célèbre pas l'obscurité pour elle-même ; elle étudie comment les choses y vivent. L'esprit, comme la pupille, se dilate face à l'obscurité. Ce qui était invisible à midi devient visible au crépuscule.

C'est la discipline de la patience – la volonté d'attendre que le sens se révèle obliquement, par le ton, la texture, ou ce qui refuse d'être nommé. Ce n'est pas un retrait, mais une calibration. L'âge de l'illumination nous donna la vision comme injonction ; celui qui vient doit redécouvrir la vision comme soin.

Marchez doucement. Laissez vos yeux s'ajuster. La lumière qui demeure suffira.

PARTIE III

VIVRE APRÈS LA LUMIÈRE

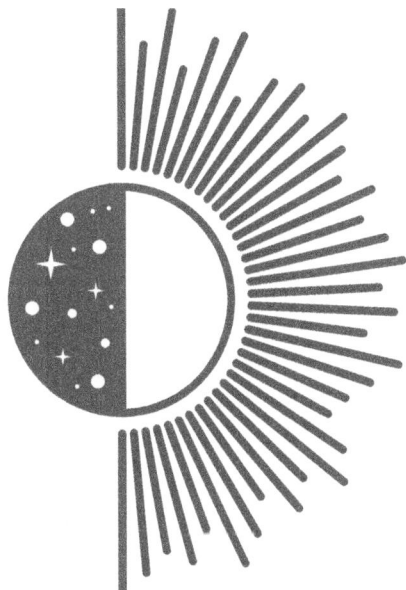

HUIT

ÉLOGE DE L'OMBRE

L'OBSCURITÉ N'EST PAS LA NÉGATION DE LA LUMIÈRE MAIS SON RESTE – L'ESPACE que l'éclat laisse derrière lui lorsqu'il a fini de s'annoncer. Les Lumières nous ont appris à craindre cet espace, à traiter l'ombre comme un échec, comme le retrait de la raison. Pourtant, toute illumination en projette une, et ce qui s'y rassemble n'est pas l'ignorance mais l'intimité. L'ombre est la condition de la profondeur ; sans elle, le monde devient pure surface, un éblouissement trop mince pour porter le poids du réel.

Tanizaki l'avait compris bien avant que nous appelions cela « post »-quoi que ce soit. Dans son Éloge de l'ombre, il écrivait non en esthète mais en anthropologue de la retenue. Il voyait comment un bol de laque luit plus pleinement sous une lumière tamisée qu'au soleil, comment la feuille d'or a besoin d'obscurité pour respirer, comment une alcôve vide inspire le respect précisément parce qu'elle dissimule. Il ne romantisait pas l'obscurité ; il lui rendait sa dignité. Là où l'Occident faisait de la visibilité une vertu, Tanizaki comprenait la dissimulation comme une forme de soin – une manière de protéger la fragilité de la violence de l'exposition.

L'Après-Lumière commence dans un silence semblable. Après des siècles passés à inonder chaque recoin d'analyse, il nous faut désormais réapprendre à vivre dans la vision partielle. L'obscurité, lorsqu'elle est entretenue avec soin, n'est pas l'ennemie du savoir mais son atmosphère. Elle permet à l'ambiguïté de vivre assez longtemps pour mûrir en compréhension. La clarté trop vite exigée est une cruauté : elle dépouille l'expérience avant qu'elle ne prenne forme.

Pensez à la cathédrale au crépuscule. Le vitrail ne prêche plus en couleurs, mais murmure en silhouettes. La nef s'assombrit jusqu'à ce que le son lui-même devienne architecture – le froissement des pas, le souffle lent du bois. Ou la ville à minuit, lorsque les enseignes s'éteignent et que les reflets reprennent le rôle de la lumière ; les fenêtres clignent comme des yeux fatigués et la rue ne révèle sa forme qu'à travers la mémoire du jour. Même la lueur bleue d'un écran en veille a sa leçon : les technologies de la vision ne peuvent se reposer tant que nous ne le faisons pas.

Dans l'ombre, la hiérarchie se dissout. Le brillant et le terne, le précieux et le brisé tombent dans la même égalité douce. Ici, l'humilité n'est pas posture morale, mais fait perceptif : rien ne domine, et l'œil doit errer pour trouver ce qui compte. L'obscurité devient démocratique – chaque chose reçoit juste assez pour être perçue, jamais assez pour être possédée.

Les Lumières avaient promis que la lumière nous libérerait ; elles nous ont laissés surexposés. La tâche, désormais, n'est pas d'éteindre la clarté, mais de la tempérer – de réapprendre l'art de l'assombrissement. L'ombre enseigne la pause. Elle invite la main à ralentir avant de toucher, la voix à baisser avant de parler, l'esprit à hésiter avant de conclure. La philosophie, autrefois obsédée par la brillance, doit devenir un exercice d'ombrage : la modulation de l'attention plutôt que son faisceau.

Ce n'est pas un plaidoyer pour l'ignorance ni pour le mysticisme, mais un appel à la proportion. Trop de lumière aplatit ; trop de visibilité consume. Le monde à demi éclairé offre le contour, le contraste, la possibilité de percevoir sans conquérir. Penser dans l'ombre, c'est se rappeler que la révélation n'a pas besoin d'aveugler, et que parfois la lucidité la plus juste arrive en murmure, non en éclat.

Lorsque l'éblouissement s'apaise enfin, ce qui demeure est plus doux mais plus précis. La pensée redevient tactile ; les mots retrouvent leur texture. Nous ne voyons pas tout, mais assez – et pour une fois, assez suffit.

NEUF

MÉDITATIONS DANS LA DEMI-LUMIÈRE

PENSER DANS LA DEMI-LUMIÈRE, CE N'EST PAS S'EN ALLER DOUCEMENT DANS LA nuit. C'est rester éveillé précisément quand le monde invite au sommeil. L'obscurité n'est pas la fin du regard ; c'est l'épreuve qui révèle si nous pouvons encore percevoir sans la certitude pour nous soutenir. Là où les Lumières cherchaient à dominer par l'illumination, la demi-lumière exige du calme. C'est une discipline de la présence – laisser la perception s'étirer jusqu'à ce qu'elle apprenne à sentir par le pouls, par l'écho, par la faible chaleur de ce qui persiste lorsque la vision se fatigue.

Dans la demi-lumière, la philosophie perd son pupitre. Elle devient un acte de respiration : lente, répétée, ouverte à l'interruption. On apprend à penser sans conclusion, à se frayer un chemin parmi les idées comme parmi des meubles dans une pièce sombre – prudemment, de mémoire, conscient que la forme des choses change selon l'endroit où l'on se tient. Une phrase, un doute, un visage rappelé : chacun devient une sorte de repère. La connaissance n'est plus quelque chose que nous possédons, mais quelque chose qui nous rend visite, brièvement, lorsque l'air est assez calme pour la recevoir.

Les Lumières nous ont appris à vénérer le connu, à remplir le silence de raison jusqu'à ce que le mystère suffoque. Mais le mystère n'est jamais parti ; il a simplement retiré sa confiance. Méditer dans la demi-lumière, c'est regagner cette confiance – non pas exiger des réponses, mais leur faire place. La question devient un acte de soin. Chaque pause, chaque hésitation, est un petit refus de la violence : une manière de dire que le monde n'a pas à se livrer tout entier à la compréhension.

C'est ce que *Meditations on Nothing* (Méditations sur Rien) a cherché à habiter : le silence après la phrase, le moment lucide où le sens se dissout mais où l'attention demeure. La page devient une clairière où la pensée abandonne ses catégories comme une peau. Ce qui subsiste n'est pas la perspicacité, mais l'atmosphère : le bourdonnement de l'être lorsque l'explication s'éteint. Vivre là n'est ni désespoir ni apathie ; c'est la fidélité à l'expérience non forcée.

Parfois, cette pratique paraît ordinaire : une main posée sur un rebord de fenêtre, un souffle retenu avant de parler, une décision retardée non par indécision mais par respect pour ce qui ne s'est pas encore déclaré. La demi-lumière se vit comme un rythme plutôt qu'une règle – son éthique plus proche de la musique que de la loi.

La demi-lumière ne console pas. Elle clarifie par soustraction. Elle montre ce qui peut survivre sans ornement, sans garantie. La compassion, l'endurance, la retenue – voilà les facultés qui s'adaptent le mieux à la pénombre. Elles ne cherchent pas à chasser l'obscurité, mais à marcher à ses côtés. Ici, le philosophe n'est plus un porteur de lanterne, mais un auditeur, attentif à l'acoustique subtile de l'invisible.

Dans cet état, la lucidité et l'humilité deviennent le même geste. Connaître partiellement n'est plus un échec, mais une juste mesure. Nous découvrons que la compréhension s'approfondit seulement lorsque nous cessons d'essayer de la posséder. Le sens arrive comme l'aube : non par conquête, mais par degrés.

La demi-lumière n'est pas une fin, mais l'heure avant le commencement. Chaque ombre, si on la cultive, se tourne finalement vers le matin – non celui, aveuglant, promis par les Lumières, mais une clarté plus douce : diffuse, humaine, indulgente. La tâche est de maintenir cette lumière assez basse pour que nous puissions encore nous voir les uns les autres à l'intérieur.

Lorsque les yeux s'ajustent, les mains se souviennent de ce qu'elles doivent faire. La demi-lumière n'enseigne pas quoi voir, mais comment rester – avec l'imperfection, avec la fracture, avec ce qui continue malgré soi. La pensée ralentit jusqu'à devenir tactile, et l'abstrait retourne au sensible. Ce qui commença comme philosophie se transforme doucement en entretien : l'art quotidien de garder intact ce qui reste.

Dans cette obscurité, le soin devient la seule grammaire cohérente qui nous reste. Non comme guérison, ni comme rédemption, mais comme rythme : une attention régulière et délibérée à ce qui vacille encore. Après l'illumination, c'est ainsi que pense le monde : un tissu plié, une charnière réparée, une phrase recopiée à la main jusqu'à ce qu'elle tienne.

DIX

ÉTHIQUE DE L'ENTRETIEN :
LE SOIN SANS RÉDEMPTION

QUAND L'ÉBLOUISSEMENT S'EFFACE, IL NE RESTE QUE LE TRAVAIL. PAS CELUI DES HÉROS – celui qui se photographie bien – mais le soin lent, répétitif, qui garde l'ordinaire intact. Une ampoule remplacée. Une table essuyée. Une phrase réécrite jusqu'à ce qu'elle cesse de trembler. L'entretien est la philosophie après la crise : la discipline de rester auprès de ce qui ne peut être perfectionné.

Pendant des siècles, l'éthique s'est bâtie sur la grammaire du salut. Chaque système moral promettait une ascension : du péché à la grâce, de l'ignorance à la lumière, de l'erreur à l'amélioration. Même le monde laïque en a hérité. Nous imaginons encore la vertu comme un progrès et l'échec comme une rechute. Mais le monde ne s'élève pas : il dérive, s'installe, se défait, se renouvelle. L'entretien accepte ce mouvement non comme un défaut, mais comme une condition.

Maintenir, c'est reconnaître la dépendance. Rien ne dure seul. L'entropie n'est pas un ennemi, mais un partenaire – le rappel qu'il faut revenir, encore et encore. Chaque acte de soin est provisoire, promis à se défaire, et donc honnête. La valeur ne réside pas dans la préservation, mais dans la récurrence. Une charnière réparée se desserrera de nouveau ; la charnière n'est pas l'enjeu. L'enjeu, c'est le retour de la main.

En ce sens, l'entretien n'est pas l'opposé de la philosophie, mais sa continuation par d'autres moyens. La question se déplace : non plus Qu'est-ce qui est juste ? mais Qu'est-ce qui tient encore ? La pensée s'incline vers le pratique sans renier sa dignité. Une surface claire, une structure stable, une phrase réparée – autant d'exemples de cohérence arrachée au désordre, temporaire mais signifiante.

Le Dés-Intégrationisme nomme cela l'éthique de la non-rédemption. Il refuse l'obsession des Lumières pour le sauvetage – la foi dans l'idée, la loi ou l'innovation qui, enfin, nous sauverait. Entretenir, c'est renoncer à ce fantasme sans sombrer dans le désespoir. C'est agir sans promesse, réparer sans prophétie. Le geste moral réside dans le faire, non dans le salut.

Cette éthique n'exige pas la sérénité. Elle ressemble souvent à la fatigue tenue fidèlement. Le gardien qui balaie après le départ de tous ; l'infirmière qui ajuste une couverture à trois heures du matin ; l'ami qui répond à un dernier appel. Ce ne sont pas des métaphores du soin : ce sont ses définitions. L'entretien est ce à quoi ressemble l'éthique lorsqu'on la dépouille du spectacle. Il ne rachète pas le monde ; il le garde habitable.

Parce qu'il est partagé, l'entretien engendre la réciprocité. Chaque geste de soin suppose l'usage futur d'un autre. Réparer, nettoyer, préserver, c'est imaginer un être invisible qui touchera ce que vous avez touché. Le soin circule ; il ne s'approprie pas. Dans cette circulation réside la faible espérance politique du Dés-Intégrationisme : ni révolution, ni restauration, mais continuité.

La tâche, dès lors, est modeste. S'occuper de ce que l'on peut atteindre. Réparer ce que l'on touche. Laisser le reste sans promesse. La perfection a toujours été une forme de violence ; l'entretien en est le contrepoint. Il rend au sens son échelle, rend à la philosophie le rythme du souffle. Lorsque nous acceptons que l'ampoule grillera à nouveau, que la charnière se desserrera, que la pensée elle-même s'effacera, nous commençons à comprendre le soin comme endurance plutôt que comme guérison.

Et dans cette endurance – silencieuse, répétitive, sans éclat – le monde demeure possible.

Pratiques du sang-froid

Respirez avant de commencer

Chaque acte de réparation commence par une pause. Inspirez la fracture, expirez l'impulsion pour la réparer. La pause n'est pas un retard ; c'est une calibration.

Nommer sans revendiquer

Nommer une chose n'est pas la posséder. Que le langage reste poreux, provisoire. Parlez comme si vos mots devaient être effacés demain.

Prendre soin de ce qui persiste

L'entretien n'est jamais achevé. La poussière revient, les charnières se desserrent, les significations dérivent. Le but n'est pas la permanence, mais le rythme – la volonté de revenir.

Garder le rythme de l'attention

La lenteur n'est pas faiblesse, mais justesse. Le monde se défait plus vite qu'on ne peut le remarquer ; seule l'attention en suit le tempo.

Tenir le silence comme méthode

Discuter est facile ; écouter coûte davantage. Le silence permet à la réalité de refaire surface dans sa propre forme. Apprenez à entendre ce que vous couvriez autrefois de paroles.

Résister à l'achèvement

Le désir de conclure est une forme d'avidité. Toute clôture efface quelque chose qui respire encore. Laissez la phrase entrouverte ; laissez le sens circuler.

Traiter l'échec comme entretien

Ce qui échoue révèle où l'attention a manqué. L'échec n'est pas l'opposé du succès, mais son audit. Balayez, ajustez, recommencez.

Préserver l'opacité

Ne confondez pas la transparence avec la vérité. Un peu d'ombre maintient la relation vivante. La clarté sans profondeur aveugle.

Agir localement

L'imagination morale commence à portée de main – là où l'on peut toucher, réparer, nourrir. L'échelle tue le soin. Commencez plus petit que vous ne le jugez nécessaire.

Révérence sans transcendance

Révérer, c'est remarquer finement, non adorer. S'agenouiller, c'est simplement abaisser le corps pour mieux voir le détail.

Travailler proprement, non purement

La pureté est une violence déguisée en vertu. La propreté est plus simple : essuyer la surface, dégager les outils, continuer.

Finir sans finir

Chaque acte de soin appelle un futur soignant. Laissez la charnière huilée, la page lisse, la pensée entrouverte.

ONZE

Après les Lumières

CHAQUE AUBE SE CROIT LA PREMIÈRE. LES LUMIÈRES N'ONT PAS FAIT EXCEPTION. Elles se sont proclamées l'âge des commencements, l'heure où les ténèbres fuyaient et où la vérité se tenait enfin visible. Mais la lumière n'est jamais innocente. Ce qu'elle révèle, elle l'invente aussi. Nous avons bâti notre monde dans cette clarté jusqu'à ne plus savoir si nous voyions vraiment ou si nous brûlions lentement.

À présent, l'ampoule s'est affaiblie. Les circuits du progrès bourdonnent de fatigue. Nos instruments continuent de luire longtemps après l'extinction de la conviction, éclairant les ruines par habitude. Ce n'est pas l'effondrement : c'est l'après-lueur – la persistance de systèmes capables de produire encore de la lumière, mais plus de chaleur. Vivre après les Lumières, c'est demeurer dans cette phosphorescence : la faible persistance d'une idée qui, jadis, se prenait pour la nature.

Ici, le travail de la philosophie change de temps. Elle cesse de prédire et commence à veiller. L'avenir cesse d'être une destination pour devenir une atmosphère – quelque chose à respirer avec précaution plutôt qu'à conquérir. La question n'est plus ce qui vient ensuite, mais comment rester en relation lorsque l'ensuite n'a plus de sens.

Le Dés-Intégrationisme nomme cette relation. C'est la pratique du calme dans l'épuisement, de la clarté sans conquête. Il nous invite à troquer le fantasme du renouveau contre la discipline du retour. Nous balayons les mêmes sols, soignons les mêmes fractures, revisitons les mêmes paradoxes. Ce n'est pas la futilité, mais la fidélité – la lente dévotion à ce qui demeure lorsque le salut s'est retiré.

Les Après-Lumières est souvent mal entendue comme un rejet. Ce n'est pas une rébellion contre la raison, mais un règlement de comptes. Chaque époque croit sa clarté unique ; chaque après-coup découvre qu'elle n'était qu'une clarté provisoire. Penser après les Lumières, ce n'est pas maudire la lumière, mais remarquer les traces de brûlure, étudier leurs motifs, apprendre à ne pas les répéter.

Si les Lumières furent un éclair, notre moment en est le reflet sur l'eau : ondulé, réfracté, vivant. Dans cette image vacillante réside une radiance plus douce – moins révélation que reconnaissance. Le monde brille encore, mais autrement désormais, éclairé par le feu modeste de ceux qui l'entretiennent.

La tâche n'est plus de recommencer, mais de garder le commencement ouvert. Traverser les ruines sans les ériger en reliques. Pratiquer la lucidité comme soin, non comme conquête. La lumière que nous héritons est plus faible, oui, mais enfin humaine. Elle ne promet plus la rédemption ; elle nous permet simplement de nous voir.

Notes pour le gardien

VOUS TENEZ ENTRE VOS MAINS CE QUI RESTE.

Ni système, ni salut – seulement le résidu de l'usage. Le livre est un instrument maintenu en vie par l'attention : il respire quand on l'ouvre, il dort quand on le ferme. Comme tout mécanisme fragile, il demande à être manipulé avec soin, non avec révérence.

Les Lumières ont bâti des temples ; les Après-Lumières laisse des outils. Chaque argument ici est un tournevis, une brosse, un chiffon. Servez-vous-en jusqu'à ce qu'ils s'effilochent. Remplacez-les quand il le faudra. L'entretien est la seule forme d'auteur qui dure.

Si les pages vous semblent obscures, laissez-les ainsi. L'illumination n'est pas une leçon, c'est une proximité. Le sens s'épaissit par la répétition, non par la révélation. Revenez quand l'air aura changé : les mêmes mots se seront déplacés.

La discipline de la Dés-Intégration ne s'achève pas dans la compréhension, mais dans le sang-froid.

Gardez les choses vivantes. Laissez la charnière un peu lâche pour que d'autres puissent passer. Enlevez la poussière, mais ne gommez pas les empreintes.

Quelqu'un lira après vous. Il lui faudra la preuve qu'autrefois la pensée demandait de la patience, que les idées se réparaient au lieu d'être remplacées. Ce que vous entretenez n'est pas une philosophie, mais les conditions de possibilité d'une philosophie.

Ne refermez pas complètement le livre quand vous aurez fini. Laissez-le entrouvert, le dos levé, la lumière tombant sur la page. C'est ainsi que la philosophie respire.

Épilogue : La lumière qui demeure

AUCUNE PHILOSOPHIE NE S'ACHÈVE VRAIMENT. MÊME CELLE-CI, ÉCRITE CONTRE la clôture, traîne ses propres filaments – des fils de pensée encore vibrants après que les mots se sont tus. Ce qui commence dans le refus doit finir dans la continuité : le lent labeur inachevé de revoir encore.

Si la promesse des Lumières fut celle d'une illumination sans limite, les Après-Lumières offre quelque chose de plus humble et de plus vrai – une pratique de lucidité partagée. Non pas la brillance, mais la tenue. Non pas la connaissance comme possession, mais la compréhension comme relation. La lumière demeure, mais diffuse, portée par de nombreuses mains, chacune veillant sur sa propre flamme.

Ces pages ne forment pas une conclusion, mais une passation. La demi-lumière appartient à quiconque choisit d'y œuvrer – au lecteur qui continue de penser une fois le livre refermé, qui répare, questionne, soutient. Dans cette persistance, la philosophie survit comme il se doit : non en monument, mais en entretien.

Alors, prends ce qui brille encore. Porte-le avec précaution. Il n'a jamais été destiné à éblouir, seulement à t'aider à trouver ton chemin.

La philosophie s'achève, comme il se doit, là où la main stabilise la flamme.

Annexes

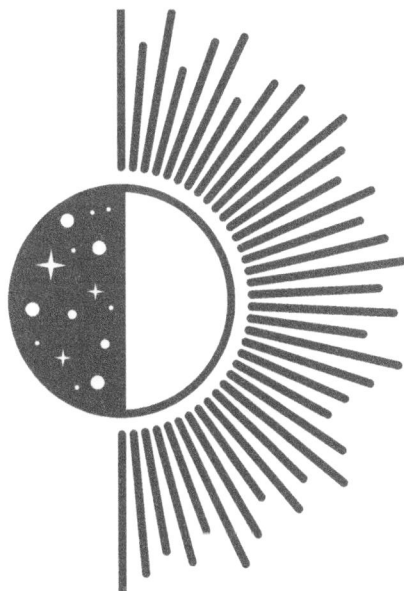

Annexe A :

Chronologie du projet des Après-Lumières

Essai / Publication	Thèse centrale	Mythe central déconstruit
Against Agency: The Fiction of the Autonomous Self	La liberté du soi est une fiction comptable ; la volonté est chorégraphie, non commandement.	L'individu souverain
The Discipline of Dis-Integration: Philosophy Without Redemption	La philosophie devient entretien ; la rédemption cède la place au soin.	L'ordre rédempteur
The Myth of Homo Normalis: Archaeology of the Legible Human	La normalité est l'invention bureaucratique du contrôle.	L'humain mesurable
The Illusion of Light: Thinking After the Enlightenment	La réflexion unificatrice et son image rémanente : l'illumination comme économie, le soin comme héritage.	Le mythe de l'illumination
Objectivity Is Illusion: An Operating Model of Social and Moral Reasoning	L'objectivité n'est pas le détachement mais l'étiquette ritualisée.	La vérité de la raison
Rational Ghosts: Why Enlightenment Democracy Was Built to Fail	La politique de la raison s'effondre dans l'arithmétique ; la démocratie est hantée par sa propre abstraction	La volonté collective
Temporal Ghosts: The Tyranny of the Present	Le progrès emprisonne le temps dans l'idéologie de l'amélioration.	La flèche du temps

Annexe B :

Autres lectures dans la demi-lumière

Ce ne sont pas des citations, mais des invitations–des textes qui respirent dans la même atmosphère.

GÉNÉALOGIES & CONTRE-LUMIÈRES

- Theodor Adorno & Max Horkheimer, *Dialectic of Enlightenment*
- Michel Foucault, *Discipline and Punish*
- Bruno Latour, *We Have Never Been Modern*
- Friedrich Nietzsche, *The Gay Science*
- Thomas Kuhn, *The Structure of Scientific Revolutions*

ETHIQUE DE L'ENTRETIEN & SOIN

- María Puig de la Bellacasa, *Matters of Care*
- Joan Tronto, *Moral Boundaries*
- Shannon Mattern, *Maintenance and Care*
- Steven Jackson, "Rethinking Repair"

ILLUMINATION, OMBRE, ET ESTHETIQUE

- Jun'ichirō Tanizaki, *In Praise of Shadows*
- Susan Sontag, *Regarding the Pain of Others*
- Byung-Chul Han, *The Burnout Society*
- John Berger, *Ways of Seeing*

DESCENDANTS MODERNES DE LA LUMIÈRE

- Donna Haraway, *Staying with the Trouble*
- Timothy Morton, *Dark Ecology*
- Bernard Stiegler, *Technics and Time*

Annexe C :

Colophon

Ce livre a été composé en Arno Pro, Scala Pro et Scala Jewel.

La conception et la mise en page ont été réalisées dans Adobe InDesign.

La conception de la couverture a été effectuée dans Adobe Illustrator.

Imprimé et relié indépendamment dans le pays de distribution. Publié par *Philosophics Press*, marque éditoriale de *Microglyphics*. Ce projet a été écrit sans parrainage institutionnel ni affiliation universitaire. Il a été composé dans les intervalles entre le travail rémunéré, soutenu à parts égales par la curiosité et la fatigue.

La philosophie, comme l'entretien, survit grâce à l'attention plutôt qu'à l'infrastructure.

Philosophics Press existe pour préserver cette attention – pour publier des œuvres qui, autrement, se perdraient entre les murs de l'université et le bruit du marché.

Le design et la typographie suivent la même éthique : la retenue plutôt que le spectacle, la lisibilité plutôt que l'ornement. Les pages sont faites pour respirer.

La demi-lumière appartient autant au lecteur qu'à l'écrivain.

Annexe D :

Synthèse recommandée pour la cohérence interne

Terme anglais	Terme final à retenir	Remarque clé
Half-light	Demi-lumière	État liminal, non mesurable
Composure	Sang-froid	Discipline de maintien sans conquête
Custodian	Gardien	Vigilance bienveillante
Scaffolding	Échafaudage	Métaphore structurelle
Afterimage	Image rémanente	Persistance visuelle et idéologique
Glare	Éblouissement	Violence de la clarté

À PROPOS DE L'AUTEUR

Bry Willis est un philosophe indépendant dont le travail examine la métaphysique épuisée de la modernité. Écrivant en dehors des structures institutionnelles, il aborde la philosophie comme une pratique d'entretien plutôt que de maîtrise – s'occupant de ce qui persiste lorsque les systèmes échouent. Les Essais des Après-Lumières retracent les vies ultérieures de la raison : comment les idéaux des Lumières – progrès, autonomie, objectivité et normalité – sont devenus des technologies de contrôle. Chaque essai démonte un mythe fondateur de la vie moderne, non pour le remplacer par une autre certitude, mais pour créer un espace de pensée qui refuse la rédemption.

La méthode de Willis, le Dés-Intégrationnisme, rejette l'exigence de synthèse. Au lieu d'assembler les fragments en ensembles cohérents, elle prend soin des fractures – traitant la philosophie comme la discipline qui consiste à demeurer auprès de ce qui se brise. Cette approche s'inspire de la théorie des systèmes, de la philosophie critique et de l'éthique du soin, tout en maintenant un engagement envers une prose lucide, accessible au-delà des cercles académiques.

Outre la philosophie, Willis travaille à l'intersection du design, de la typographie et de la culture matérielle des idées. L'illusion de la lumière en est le reflet : un livre conçu pour être tenu, annoté et relu – incarnant l'idée que la pensée survit grâce à l'attention plutôt que par l'autorité. Il présente ses excuses les plus sincères en cas de mauvaise interprétation d'une œuvre citée.

L'illusion de la lumière sert de prélude à ces travaux : le seuil par lequel le projet des Après-Lumières prend pour la première fois sa cohérence.

Note sur le Texte

Les essais résumés dans la Partie II sont publiés en accès libre sur Zenodo et PhilArchive. Cette introduction a été écrite non pas comme un commentaire mais comme une synthèse – une méditation soutenue sur les limites de la raison et la persistance du soin. Les six essais demeurent des œuvres indépendantes ; ensemble, ils forment le corpus des Après-Lumières.

Autres titres par Bry Willis

Livres :
Meditations on Nothing: Notes Before Existence ISBN: 978-0-9710869-5-1
Meditations on Nothing: A Companion Guide ISBN:978-0-9710869-6-8

Les Essais Après-Lumières :
Rational Ghosts: Why Enlightenment Democracy Was Built to Fail (2025)
Objectivity Is Illusion: An Operating Model of Social and Moral Reasoning (2025)
Temporal Ghosts: The Tyranny of the Present (2025)
Against Agency: The Fiction of the Autonomous Self (2025)
The Myth of *Homo Normalis*: Archaeology of the Legible Human (2025)
The Discipline of Dis-Integration: Philosophy Without Redemption (2025)

Ces essais sont disponibles sous forme de publications en accès libre sur Zenodo et PhilArchive.

Connect

Autres travaux : philosophics.blog
Demandes de renseignements : microglyphics@gmail.com

Philosophics Press

Philosophics Press publie des œuvres situées à la croisée de la philosophie, de la littérature et du design. Fondée comme marque éditoriale de *Microglyphics*, elle a pour vocation de soutenir la pensée en dehors des économies de visibilité et de prestige – d'imprimer, littéralement, ce qui persiste lorsque les systèmes s'effondrent.

www.ingramcontent.com/pod-product-compliance
Lightning Source LLC
Chambersburg PA
CBHW032118280326
41933CB00009B/891